DÉPÊCHES
DE
M. LE COMTE
DE LA LUZERNE,

Ministre de la Marine, aux Administrateurs de Saint-Domingue.

Imprimé par ordre de l'Assemblée provinciale de la partie du Nord de Saint-Domingue.

1789.

OBSERVATIONS

SUR CES DÉPÊCHES.

1°. *Une Convocation suspecte.*

2°. *Point de sanction de l'Assemblée nationale.*

3°. *Rien ne manifeste même le vœu du Roi.*

4°. *Cette opération est du Ministre seul ; à mesure que son despotisme expire, son génie insidieux se développe.*

5°. *Les Missives font voir que le Ministre tente à la fois de tromper, & la Colonie, & les Députés qui lui ont résisté, & le parti d'Américains qu'il n'avoit séduit & flatté que pour le mettre en opposition aux Députés. Il y a un piége tendu aux Administrateurs mêmes, pour laisser à leurs risques l'évènement.*

6°. *Le Ministre n'a aucun droit de nous régir.*

7°. *Le droit de se réunir n'est plus une question.*

8°. *Cette réunion est consommée en partie,*

9°. *La réunion entière & prompte de la Colonie est à souhaiter.*

10°. *Cette réunion s'opérera, sans accepter la protection & les secours périlleux que le Ministre nous offre.*

11°. *Et pour tenir l'Assemblée coloniale, nous ne prendrons pas une ville où tout le pouvoir exécutif réside, & où les Grenadiers & les Chasseurs d'une Troupe, qui ne s'est pas encore vouée à la Nation, font les honneurs.*

LETTRE

LETTRE particulière.

Seconde.

De M. DE LA LUZERNE, Ministre de la Marine, à MM le Comte de Peinier, Gouverneur-général, & de Marbois, Intendant à Saint-Domingue.

Versailles, le 27 Septembre 1789.

JE ne vous ai point écrit sur l'effervescence générale des esprits en France, sur les troubles qu'elle a occasionnés & qu'elle occasionne encore; sur les changements qui en ont résulté dans les diverses parties du Gouvernement. Ces faits ne sont que trop connus, & vous aurez été instruits des détails, par toutes les lettres qui se ont parvenues à Saint-Domingue. Un très-grand nombre de Colons qui se trouvoient en France, & les Députés à l'Assemblée Nationale qu'elle a admis, ont demandé au Roi qu'il fût tenu au Port-au-Prince une Assemblée Coloniale, uniquement composée de Représentants des différentes Paroisses & Sénéchaussées librement élus.

Sa Majesté a cru devoir accéder à ce vœu; Elle a *craint qu'en s'y refusant, les Colons ne se convoquassent eux-mêmes*; que réunis sans une permission légale, indisposés contre le Gouvernement qui n'auroit point voulu se prêter à leurs vues, ils ne s'attribuassent des pouvoirs sans bornes, n'eussent des prétentions excessives, & qu'il ne résultât les innovations les plus funestes à la Métropole, & peut-être à la Colonie elle-même.

On a espéré au contraire qu'en se prêtant à

leurs desirs, & en leur accordant le mode de convocation qu'ils souhaitoient eux-mêmes, l'Assemblée se trouveroit peut-être composée de Députés raisonnables & modérés; qu'ils sentiroient que des liens puissants les attachent à la France, & qu'ils doivent trembler d'élever le moindre trouble dans un pays où le nombre des .. .., est aussi disproportionné à celui des.....

Vous recevrez donc incessamment une Lettre ministérielle, & un Projet de l'Ordonnance que vous aurez à rendre pour la convocation de cette Assemblée.

Il faudra y procéder sur le champ, à moins que des troubles élevés dans la Colonie, & une grande fermentation dans les esprits, ne vous contraignissent impérieusement de prendre sur vous de suspendre l'exécution des ordres du Roi à cet égard.

Quoique vous ne deviez point assister à cette Assemblée, qui doit être purement *provisoire* & *consultative*, comme elle sera dans le cas de vous adresser plusieurs demandes, & de vous donner connoissance de celles qu'elle fera passer en France, vous pouvez influer par la voie de la PERSUASION, sur l'opinion des Membres qui la composeront, & je ne doute pas que vous n'en fassiez usage, pour prévenir ou modérer la chaleur des esprits.

Je me réfère à ce que je vous manderai incessamment dans une *Dépêche ministérielle*, & vous prie d'être persuadé de l'attachement sincère avec lequel j'ai l'honneur d'être, Messieurs,

Votre très-humble & très-obéissant serviteur,

Signé LA LUZERNE.

ST-DOMINGUE. Assemblée coloniale. *Première.*

A Versailles, le 27 Septembre 1789.

Je joins ici, Messieurs, un Projet d'Ordonnance à rendre de votre part pour la tenue d'une Assemblée générale; il a été concerté entre Messieurs les Députés de la Colonie à l'Assemblée Nationale, & les propriétaires Américains résidants à Paris. Je l'ai porté au Conseil du Roi. Sa Majesté l'a approuvé, & son intention est que cette tenue ait lieu le plutôt possible. Vous verrez, en lisant ledit Projet, quel en est l'esprit. C'est de donner aux Colons une représentation parfaitement libre, pour qu'ils puissent proposer sans contrainte & avec la plus entière confiance, ce qui leur paroîtra le plus avantageux aux intérêts de l'Ile. Sous quelque rapport que ce soit, les agens de l'autorité ou les dépositaires du pouvoir judiciaire ne pourront y avoir entrée, qu'autant qu'ils auront été élus; vous même n'aurez pas le droit d'y assister. Vos fonctions se borneront à rendre l'Ordonnance, à indiquer le jour de ses convocations, à ouvrir la séance, d'où vous vous retirerez aussi-tôt, & à fournir tous les renseignements qui vous seront demandés. Vous surveillerez seulement à ce que tout se passe dans l'ordre & la tranquilité convenables, & si vous y avez aucune influence directe, je suis persuadé que vous obtiendrez, près de ceux qui la composeront, le poids que doivent avoir sur des esprits bien intentionnés, l'expérience, les lumières & le zèle éclairé pour le bien public. Vous voudrez bien me tenir soigneusement informé de tout ce qui se succédera, *sans attendre la clôture de ces délibérati.ns.*

J'ai l'honneur d'être avec un sincère attachement, Messieurs, votre très-humble & très-obéissant serviteur,

Signé LA LUZERNE.

PROJET

De l'Ordonnance à rendre par les Administrateurs de Saint-Domingue.

Le Roi nous avoit depuis long-temps annoncé que son intention étoit qu'il fût convoqué, dans les derniers mois de cette année, une Assemblée générale de la Colonie, & nous l'en avions instruite; mais un grand nombre d'Habitants de Saint-Domingue qui se trouvent maintenant en France ou qui y résident habituellement, ayant présenté à Sa Majesté le vœu de leurs Concitoyens, & demandé que cette Assemblée fût composée de Représentants librement élus, qu'elle pût s'occuper de tout ce qui concerne les intérêts ou le bonheur de cette Colonie, & transmettre ses Requêtes & Doléances; le Roi s'est prêté à leurs desirs. Tous ses Sujets lui sont également chers, & il n'a pas voulu que ceux qui sont plus éloignés de son Trône restassent privés des avantages dont jouissent en ce moment les provinces de son Royaume. Il nous a adressé de nouvelles instructions, & c'est d'après les intentions qu'il nous a fait connoître, en vertu des pouvoirs qu'ils nous a confiés, que nous avons ordonné & ordonnons ce qui suit:

ARTICLE PREMIER.

Il sera tenu (1).... au Port-au-Prince une

(1) On calculera le jour & on l'indiquera.

Assemblée générale des Représentants de la Colonie, qu'elle aura élus librement.

I I.

Cette Assemblée sera *extraordinaire*, *provisoire & purement consultative*, elle ne pourra statuer sur aucun point & ordonner aucune innovation; mais elle sera autorisée à examiner & discuter tout ce qui concerne les Finances, la Législation, la Justice, le Régime intérieur, le Commerce de la Colonie & ses rapports avec la Métropole, où elle transmetrra sur lesdits objets, ses représentations & demandes dont elle remettra en même temps copie aux Administrateurs.

I I I.

Elle adressera directement aux Administrateurs ses demandes sur les besoins urgents ou de haute police, auxquels ils ont droit de pourvoir.

I V.

La durée de l'Assemblée générale sera de trois mois, à compter du jour de sa première séance au Port-au-Prince, si néanmoins les travaux n'étoient pas finis à l'expiration de ce terme; elle demandera aux Administrateurs à prolonger sa tenue, & ils sont autorisés par Sa Majesté à y consentir dans le cas où ils le jugeroient nécessaire ou utile.

V.

La présente Ordonnance, dès qu'elle aura été

enregistrée au Conseil-supérieur, sera par nous adressée aux Marguilliers de toutes les Paroisses, & insérée dans tous les Papiers publics de la Colonie.

V I.

Le Dimanche (1)....., le Marguillier de chaque Paroisse sera tenu de la faire lire au Prône, publier dans les lieux voisins au son de trompe ou de tambour, & afficher par-tout où besoin sera, en la manière accoutumée, pour lui donner la plus grande publicité dans toute l'étendue de la Paroisse, afin qu'aucun de ceux qu'elle concerne n'en prétende cause d'ignorance.

V I I.

L'Assemblée de chaque Paroisse se formera à la huitaine du jour où elle aura été annoncée au Prône, publiée & affichée, elle se tiendra au Presbytère ou à l'Église.

V I I I.

Lesdites Assemblées se formeront en la manière accoutumée, & ceux qui jusques ici ont eu le droit d'y assister, s'y rendront.

I X.

L'Assemblée se nommera par la voix du scru-

(1) On indiquera le premier Dimanche où tous les Marguilliers pourront avoir reçu l'Ordonnance, afin que toutes les Assemblées puissent être convoquées le même jour.

tin & non autrement, un Préſident & un Secrétaire, à la pluralité des voix.

X.

L'Aſſemblée paroiſſiale ainſi organiſée, fera le choix, auſſi par la voix du ſcrutin & non autrement, de ſix Electeurs; il ſera néceſſaire que chaque Electeur réuniſſe plus de la moitié des ſuffrages de l'Aſſemblée.

X I.

Nul ne pourra être élu en qualité d'Electeur, s'il n'eſt Propriétaire planteur, ayant un bien en culture avec vingt Nègres recenſés, ou une propriété foncière équivalente à cent mille livres.

X I I.

Toute perſonne abſente ou non de la Colonie, ayant droit de voter dans leſdites Aſſemblées, pourra s'y faire repréſenter par un fondé de pouvoir *ad hoc*, & néanmoins ſi elle n'a pas envoyé ſon pouvoir *ad hoc*, ſon fondé de procuration ordinaire pourra la repréſenter.

X I I I.

Tout Propriétaire porteur de procuration n'aura qu'une voix, outre la ſienne, quelque ſoit le nombre des procurations dont il ſera porteur, & tout Procureur fondé qui n'aura pas de propriété, n'aura qu'une voix quelque ſoit le nombre des procurations dont il ſera chargé.

XIV.

Le Propriétaire de plusieurs habitations situées dans la même Paroisse, ne pourra néanmoins prétendre à plus d'une voix.

XV.

Les Électeurs nommés seront tenus d'accepter ou de refuser, en cas d'acceptation, ils prêteront serment de bien & fidèlement remplir leur mission; en cas de refus il sera procédé à une nouvelle nomination, un extrait du procès-verbal sera délivré à chaque Électeur.

XVI.

Chaque Assemblée se prorogera pour former les Cahiers d'instruction qu'elle voudra remettre à ses Électeurs, & elle sera tenue de les clorre dans quinzaine. Les Électeurs se transporteront munis de leurs Cahiers au chef-lieu de leur Sénéchaussée.

XVII.

Les Instructions auront pour objet tout ce qui concerne l'intérêt Public en général, celui de chaque Sénéchaussée & de chaque Paroisse en particulier sous quelque rapport que ce soit.

XVIII.

Les Électeurs se rendront dans la huitaine du

jour de leur nomination au chef-lieu de leur Sénéchaussée, ils nommeront un Président & un Secrétaire par la voix du scrutin, après quoi ils feront, dans la quinzaine, réduction de leurs Cahiers en un seul, & nommeront entr'eux, au scrutin, des Députés dont le nombre est prescrit ci-après.

XIX.

Afin de donner une égale représentation aux trois parties du Nord, de l'Ouest & du Sud, la Sénéchaussée du Cap nommera huit Députés, celle du Fort-Dauphin huit, celle du Port-de-Paix huit, celle du Port-au-Prince huit, celle de Saint-Marc huit, celle des Cayes six, celle du Petit-Goave six, celle de Saint-Louis six, celle de Jérémie six.

XX.

Les Députés nommés se rendront au Port-au-Prince, capitale de la Colonie, là, ils formeront une Assemblée générale & s'occuperont des intérêts de la Colonie.

XXI.

L'Assemblée ouverte elle s'occupera de la nomination d'un Président, d'un Vice-président, & de tel nombre de Secrétaires qu'elle jugera convenable, & au scrutin & non autrement.

XXII.

L'Aſſemblée vérifiera les pouvoirs des Députés, & jugera de leur validité.

Prions Meſſieurs les Officiers du Conſeil-ſupérieur de Saint-Domingue, &c.

Pour copie, *ſigné* LA LUZERNE.

www.ingramcontent.com/pod-product-compliance
Lightning Source LLC
LaVergne TN
LVHW021711230826
846092LV00002BA/954

* 9 7 8 2 0 1 9 2 8 0 6 1 1 *